A. FRANÇOIS

LEÇONS ÉLÉMENTAIRES

DE

PSYCHOLOGIE

À L'USAGE

des Cours complémentaires, des Écoles
primaires supérieures et des Écoles normales primaires.

PRÉPARATION

au Brevet élémentaire, au Brevet supérieur
et au Certificat d'aptitude pédagogique.

Armand COLIN & Cie, Éditeurs

des Cours de Physique et de Chimie DRINCOURT

LEÇONS ÉLÉMENTAIRES

DE PSYCHOLOGIE

DU MÊME AUTEUR

LA CORRESPONDANCE ADMINISTRATIVE

DE L'INSTITUTEUR

Directions et modèles.

1 vol., broché........................... .. **1 fr.**

LEÇONS ÉLÉMENTAIRES

DE

PSYCHOLOGIE

A L'USAGE

des Cours complémentaires,
des Écoles primaires supérieures et des Écoles normales.

Préparation aux examens du Brevet élémentaire,
du Brevet supérieur et du Certificat d'aptitude pédagogique.

PAR

A. FRANÇOIS

Directeur de l'École normale de Melun.

PARIS

ARMAND COLIN ET Cie, ÉDITEURS

5, RUE DE MÉZIÈRES, 5

1897

BIBLIOTHÈQUE PERSONNELLE
des Maîtres

Vade-Mecum perpétuel à l'usage des Instituteurs et des Institutrices (Pédagogie pratique et Législation scolaire), par MM. O. RIQUER et A. MARCEL. 1 vol. in-12, relié toile souple. **2 50**

L'Institutrice (Conseils pratiques), par Mⁱˡᵉ SAGNIER, officier d'académie, avec une préface de M. JULES STEEG, inspecteur général de l'Instruction publique. 1 vol. in-12, cartonné. **1 50**

La Correspondance administrative de l'Instituteur. *Directions et Modèles*, par M. A. FRANÇOIS, directeur de l'École normale de Melun. 1 vol. in-18 jésus, broché. **1 »**

Agenda de l'Enseignement (13ᵉ année, 1896-1897), à l'usage des maîtres de l'Enseignement primaire. Carnet de poche formant portefeuille, pour la préparation des leçons et l'inscription des notes de classe (*Répondant à la Circulaire ministérielle du 14 octobre* 1881). 1 vol. in-12, cartonné, toile pleine. **1 25**

Annuaire de l'Enseignement primaire (13ᵉ année, 1896-1897). Publié sous la direction de M. JOST, inspecteur général de l'Instruction publique, membre du Conseil supérieur. 1 vol. in-18, broché. **2 50**

Le Volume, journal in-12 des Instituteurs, des Institutrices et de leur famille, paraît tous les samedis. Abonnement annuel : *France*, 6 fr. ; *Étranger*, 7 fr.

Abonnements d'essai : un mois, **30 centimes**.
Envoi franco, *sur demande, d'un numéro spécimen* gratuit.

Le Conférencier, journal bimensuel de Conférences pour les adultes, publié sous la direction de M. CH. DUPUY, ancien ministre de l'Instruction publique, député de la Haute-Loire, donne tous les quinze jours un sujet de conférence populaire, avec *sommaire, développement, résumé*. Abonnement : un an. **1 50**

Les abonnements partent du 1ᵉʳ de chaque mois. Le premier numéro a paru le 7 décembre 1895. Envoi d'un *numéro spécimen gratuit* à tous les membres de l'Enseignement qui en feront la demande.

AVERTISSEMENT

Notre but, en rédigeant cet opuscule, n'a pas été de faire un nouveau traité de psychologie. Nous avons simplement voulu présenter à des intelligences de quinze à dix-huit ans une suite de données élémentaires sur la nature morale de l'homme — à titre d'introduction à l'étude de la morale et de la pédagogie.

Il nous a paru que l'ensemble en serait utile, à plusieurs points de vue :

1° Développement de l'esprit d'observation chez les élèves des écoles primaires supérieures ;

2° Préparation directe au cours de morale (mêmes élèves, élèves-maîtres et élèves-maîtresses des écoles normales) ;

3° Préparation des candidats aux deux brevets et au certificat d'aptitude pédagogique ;

4° Enseignement du français.

Chaque leçon est établie de manière à offrir au maître les divers éléments nécessaires pour son exposition (exemples, lois, définitions, conclusion) et à le guider dans tous ses développements. En outre, par l'enchaînement des questions et des réponses, elle favorise le travail de l'élève qui, l'enseignement une fois reçu, peut plus sûrement en fixer les résultats dans sa mémoire.

Le texte n'en garde rien d'obscur ni de mystérieux : nous nous sommes appliqué à le rendre aussi simple que possible, sans toutefois oublier qu'il devait revêtir un certain caractère scientifique.

Il ne s'agit pas, en réalité, d'introduire la méthode catéchétique dans l'enseignement de la psychologie. Le livre que nous avons essayé de faire ne remplacera jamais le professeur : tout en dirigeant le travail de préparation de celui-ci, il lui laissera, au contraire, pleine et entière liberté de déterminer la forme même de sa leçon. S'il présente la disposition par « demandes » et par « réponses », c'est parce que cette disposition ne paraît pas pouvoir être évitée, si l'on veut que les connaissances de l'élève sur des sujets réputés, à tort, nous en sommes convaincu, trop abstraits, ne demeurent point vagues et imprécises.

— Plusieurs de nos amis ont bien voulu nous dire que, si modeste qu'elle soit, l'œuvre viendra à propos et rendra des services. Nous ajouterons qu'elle ne fera pas double emploi avec les livres plus complets en usage dans les écoles normales[1]. Au contraire, elle sera, pour les jeunes gens qui suivent ces ouvrages, comme un instrument d'initiation, en même temps qu'une façon de formulaire dont ils apprécieront sans doute le secours, à la veille de leurs examens.

A. F.

---

1. Par exemple : *Traité de Pédagogie scolaire* (CARRÉ et LIQUIER) ; *Instruction morale et civique* (LALOI et PICAVET), Armand Colin et Cⁱᵉ.

PLAN DE L'OUVRAGE

ET TABLE DES MATIÈRES

I

La nature humaine.

II

La Sensibilité.

III

L'Intelligence.

IV

L'activité.

LEÇONS ÉLÉMENTAIRES
DE PSYCHOLOGIE

I

1ʳᵉ LEÇON

Dualité de la nature humaine.

Nous avons un corps et une âme.

1. Qu'est-ce que l'homme?

L'homme est un être vivant, formé d'un corps et d'une âme intimement unis.

2. Qu'est-ce que le corps?

Le corps est la nature physique, la partie matérielle de l'homme.

3. Quels sont ses caractères?

Le corps est composé d'organes. Comme tous les objets matériels, il occupe une place dans l'espace, il a sa forme, sa couleur, ses dimensions, son poids. Il est divisible. Il se modifie sans cesse, sous l'influence des aliments, de l'âge ou des maladies, et renouvelle entièrement sa substance en sept ou huit années. Enfin, il est détruit par la mort.

4. Que fait l'homme, en tant que corps?

En tant que corps, l'homme exécute des fonctions matérielles nécessaires à la vie: il respire, se nourrit, digère, se meut.

5. Qu'est-ce que l'âme?

L'âme est la nature morale, la partie immatérielle de l'homme. C'est un esprit.

6. Quels sont ses caractères?

Ses caractères s'opposent à ceux du corps. Elle n'a ni étendue, ni forme, ni couleur, ni poids ; par suite, elle est invisible et intangible. Elle est une, c'est-à-dire qu'elle n'a point de parties qui se puissent séparer les unes des autres. La mort ne l'atteint pas : elle est immortelle.

7. Qu'est l'homme, en tant qu'âme?

En tant qu'âme, l'homme est un être qui sent, pense et agit. C'est l'âme, à laquelle appartiennent les sens, qui le connaît.

8. Comment connaissons-nous le corps?

Le corps est perçu par les sens. On peut le voir, le toucher.

9. Comment connaissons-nous l'âme?

L'âme s'aperçoit elle-même ; elle a le pouvoir de se saisir dans toutes ses opérations. Ce pouvoir que chacun de nous possède de lire en lui-même s'appelle sens intime ou conscience.

2° LEÇON

Les trois facultés de l'âme.

Notre âme possède trois facultés : elle sent, pense et agit.

1. Qu'entend-on par faculté?

Par faculté, on entend le pouvoir de manifester son existence par des faits (ou phénomènes).

2. Quelles sont les facultés de l'âme?

Les facultés de l'âme sont la sensibilité, l'intelligence et l'activité.

3. Qu'est-ce que la sensibilité?

La sensibilité est la faculté de sentir, c'est-à-dire d'éprouver du plaisir ou de la douleur, d'aimer ou de haïr.

4. Citez des faits de sensibilité?

Le plaisir de manger un bon fruit, la sensation du froid ou du chaud, la faim, la soif, la douleur occasionnée par une blessure, le plaisir que procure la vue d'un beau coucher de soleil, la satisfaction de celui qui agit bien, le remords de celui qui agit mal, les joies de la famille, de l'amitié, etc. : voilà des faits de sensibilité.

5. Qu'est-ce que l'intelligence?

L'intelligence est la faculté de connaître et de comprendre.

6. Citez des faits d'intelligence?

Les idées que nous acquérons sur les objets qui nous entourent, la connaissance que nous avons de nous-mêmes, nos souvenirs, nos opinions, nos raisonnements, l'expression de nos pensées par le langage, etc. : voilà des faits d'intelligence.

7. Qu'est-ce que l'activité?

L'activité est le pouvoir que possède l'âme de mettre en mouvement les organes du corps et d'exécuter librement des actions de son choix.

8. Citez des faits d'activité?

Vouloir quelque chose, prendre une résolution et agir en conséquence, mouvoir ses membres, exécuter un travail quelconque, etc. : voilà des faits d'activité.

9. En quoi les facultés de l'âme diffèrent-elles des propriétés de la matière?

Les facultés ne peuvent appartenir qu'à un être qui agit par lui-même. Elles s'opposent aux propriétés de la matière. Celle-ci est inerte et ne fait rien par elle-même : elle passe seulement d'un état à un autre, selon l'influence à laquelle elle est soumise.

10. Pourrait-on considérer les facultés comme formant trois âmes distinctes?

Non, car nous savons qu'en toutes choses nous restons nous-mêmes et ne changeons pas. Et c'est pourquoi, parlant toujours de la même manière, nous disons : « Je veux », « je pense », « je sens. »

11. D'après cela, donnez une nouvelle définition de chaque faculté?

La sensibilité est l'âme considérée comme capable de sentir ; l'intelligence est l'âme considérée comme capable de connaître ou comprendre ; l'activité est l'âme considérée comme capable de vouloir et d'agir.

TABLEAU DE LA NATURE HUMAINE
(LEÇONS 1 et 2).

L'homme est formé d'un *corps* et d'une *âme.*

CORPS	AME
1. — *Nature physique* (substance matérielle);	1. — *Nature morale* (substance immatérielle — esprit);
2. — Il est composé d'*organes;*	2. — Elle est *une* (non composée de parties séparables);
3. — Il est *perçu par l'âme,* au moyen des *sens;*	3. — Elle *se connaît* elle-même par le *sens intime* ou *conscience;*
4. — Il a des *propriétés* identiques à celles de tous les objets matériels; il est le siège de *fonctions* nécessaires à la vie;	4. — Elle se manifeste par trois pouvoirs ou *facultés.......* { Elle éprouve du plaisir ou de la douleur (*sensibilité*); Elle connaît et comprend (*intelligence*); Elle agit (*activité physique, volonté libre*);
5. — Il est détruit par la mort.	5. — Elle est immortelle.

II

3ᵉ LEÇON

La sensibilité (généralités).

Nous éprouvons du plaisir et de la douleur. — Nous sommes heureux ou malheureux, non librement et à notre gré, mais en raison des circonstances.

1. Rappelez la définition de la sensibilité?

La sensibilité est la faculté de sentir, c'est-à-dire d'éprouver du plaisir ou de la douleur, de la joie ou de la peine, d'aimer ou de haïr.

2. A quelles occasions sentons-nous?

Nous pouvons être impressionnés et éprouver du

plaisir ou de la douleur, soit à l'occasion des faits qui intéressent notre corps, soit à l'occasion des faits qui n'intéressent que notre âme.

3. D'après cela, dites sous combien de formes se présente la sensibilité ?

La sensibilité se présente sous deux formes : la sensibilité physique et la sensibilité morale.

4. Parlez de la sensibilité physique?

La sensibilité physique est le pouvoir d'éprouver du plaisir ou de la douleur, soit à l'occasion de nos rapports avec les objets matériels, soit à l'occasion des fonctions dont notre corps est le siège. Elle est le principe des sensations.

5. Qu'est-ce qu'une sensation?

Une sensation est une douleur ou un plaisir causé par un fait physique.

6. Donnez des exemples de sensations?

Le plaisir de manger, quand on a faim, le plaisir de la marche, la douleur causée par une blessure, la fatigue de l'ouvrier sont des sensations.

7. Parlez de la sensibilité morale ?

La sensibilité morale est le pouvoir d'éprouver du plaisir ou de la douleur dans nos rapports avec des objets moraux. Elle est le principe des sentiments.

8. Qu'est-ce qu'un sentiment ?

Un sentiment est une joie ou une peine causée par un fait moral.

9. Donnez des exemples de sentiments?

Je viens de résoudre un problème; j'en suis

heureux : le plaisir que j'éprouve est un sentiment. —
J'ai secouru un misérable ; je sais que j'ai bien agi, et
cette pensée me rend heureux : ma joie est un
sentiment. — On m'annonce la mort d'un ami ; cette
nouvelle m'afflige profondément : ma peine est un
sentiment.

10. Que trouve-t-on, au fond de la sensibilité ?

Notre sensibilité a sa source dans nos besoins et
nos inclinations. Les besoins se rapportent à la vie
physique, les inclinations (ou besoins moraux) à la
vie spirituelle.

C'est pour satisfaire nos besoins physiques, pour
conserver notre santé et développer nos forces que
nous mangeons, buvons, agissons, etc.

C'est pour satisfaire nos besoins moraux (inclinations) pour perfectionner notre âme que nous recherchons la vérité, que nous nous efforçons vers la
vertu, etc. Nous aimons et recherchons ainsi tout ce
qui concourt à satisfaire nos besoins ou nos inclinations et par suite nous cause du plaisir ou de la joie ;
nous nous éloignons de tout ce qui les contrarie et
par suite nous cause de la douleur ou de la peine. Et
c'est pourquoi l'on dit de la sensibilité qu'elle est la
faculté d'aimer et de haïr.

11. Nous appartient-il d'être heureux ou malheureux à notre gré ?

Non, nous ne pouvons modifier notre sensibilité à
notre guise. C'est selon les circonstances que nous
sommes heureux ou malheureux : la sensibilité est
fatale [1].

---

1. Nous pouvons faire naître un grand nombre de circonstances par
notre conduite. Mais les circonstances étant produites, l'effet sur la
sensibilité est inévitable.

4° LEÇON

La sensibilité physique (sensations, besoins et appétits).

Nous subissons certaines influences qui nous viennent des objets matériels.

Nous éprouvons du plaisir ou de la douleur à l'occasion des fonctions de nos organes.

Nous sommes heureux ou malheureux, selon que nos besoins sont, ou non, satisfaits.

1. D'où nous viennent les sensations?

Les sensations nous viennent : 1° de nos rapports avec les objets qui nous entourent ; 2° des divers états de notre corps.

2. Par quel moyen entrons-nous en relation avec les objets extérieurs?

Nous entrons en relation avec le monde extérieur par le moyen des sens. Sans leur secours, nous ne pourrions ni voir, ni entendre, ni toucher, etc.

3. Quels sont nos sens?

Nous en avons cinq : la vue, l'ouïe, le toucher, l'odorat et le goût.

4. Comment appelle-t-on les sensations qu'ils nous donnent?

On les appelle sensations externes.

5. Quelles sensations nous donne la vue?

La vue nous donne les sensations de lumière et de couleur.

6. Quelle sensation nous donne l'ouïe?

L'ouïe nous donne la sensation du son.

7. Quelles sensations nous donne le toucher?

Le toucher nous donne les sensations de contact, de résistance, d'étendue, de température (chaud et froid), de poli, de rugueux, de poids, de chatouillement, etc.

8. Quelle sensation nous donne l'odorat?

L'odorat nous donne la sensation d'odeur.

9. Quelle sensation nous donne le goût?

Le goût nous donne la sensation de saveur.

10. Qu'appelez-vous organes des sens, et quels sont ces organes?

Les organes des sens sont des appareils à leur service, qui font partie du corps. — L'organe de la vue est l'œil; celui de l'ouïe est l'oreille; celui de l'odorat est le nez; ceux du goût sont la langue et le palais. Seul, le toucher est répandu sur toute la surface du corps, mais il s'exerce surtout par la main et spécialement par l'extrémité des doigts.

11. Les sens sont-ils, eux aussi, du corps?

Non, les sens n'appartiennent pas au corps : ce n'est pas l'œil qui voit, ni l'oreille qui entend, mais bien l'âme. Les sens sont des pouvoirs de l'âme s'exerçant par les organes du corps.

12. Parlez des sensations produites par les différents états de notre corps?

Les phénomènes de la vie organique[1] entraînent de nombreuses sensations que l'on ne saurait rapporter à aucun des cinq sens : ce sont les sensations internes. — Par exemple : les sensations de crampe, de coupure, la faim, la soif, la fatigue, les douleurs d'en-

1. Ou vie de notre corps.

trailles, la sensation de fièvre, le bien-être de la
santé, etc.

13. Quels sont les besoins de la vie physique?

Les principaux besoins de la vie physique sont : le
besoin de nutrition, le besoin de respiration, le besoin
de mouvement, le besoin de repos et de sommeil, etc.

14. A quoi donnent-ils lieu?

Tout besoin donne lieu à une sensation désagréable,
lorsqu'il n'est pas satisfait au moment où il se manifeste, et à une sensation de plaisir, dans le cas
contraire.

15. Quelle conduite devons-nous tenir à l'égard de nos besoins?

Nous devons les satisfaire, parce qu'il y va de notre
vie[1]. Toutefois, il faut nous garder de rechercher sans
mesure les plaisirs qui en découlent, si nous voulons
nous préserver de certains vices[2].

16. Qu'entendez-vous par appétits?

La disposition à rechercher les plaisirs attachés à
la satisfaction d'un besoin s'appelle appétit. Il y a
autant d'appétits que de besoins. Ce sont les appétits
qui, en s'exagérant, engendrent les passions, les vices.

17. Quel est le rôle du plaisir et de la douleur dans la vie
physique?

Les sensations venues du dehors nous permettent
de connaître les propriétés des objets nécessaires à
la satisfaction de nos besoins. Le plaisir que nous
procure une action conforme à notre bien physique

---

1. Nous ne tarderions pas à périr, si nous négligions de pourvoir à
notre nourriture, si nous travaillions sans prendre aucun repos, même si
nous restions constamment dans une inaction absolue.

2. L'abus des plaisirs de la table engendre, en effet, la gourmandise et
l'ivrognerie; l'abus du plaisir du repos engendre la paresse. — Il faut
surtout se garder de se créer à soi-même de faux besoins.

nous invite à reproduire cette action. La douleur que
nous cause un fait nuisible nous met en garde contre
le retour de ce fait. Lorsqu'elle résulte de l'abus
même des plaisirs, la douleur est comme un avertis-
sement par lequel la nature nous arrête dans nos
excès. — On peut donc dire que les sensations nous
ont été données pour nous apprendre à nous conserver.

5ᵉ LEÇON

La sensibilité morale (inclinations).

**Nos inclinations naturelles nous portent à nous
aimer nous-mêmes, à aimer nos semblables, à
aimer le vrai, le beau, le bien, à aimer Dieu.**

1. De quoi est faite la sensibilité morale?

La sensibilité morale est faite d'inclinations, c'est-
à-dire de dispositions à rechercher certains objets
qui favorisent notre bonheur et à en fuir d'autres qui
s'y opposent.

2. Quels noms donne-t-on encore aux inclinations?

Les inclinations sont encore appelées tendances
ou penchants.

3. Comment se classent-elles?

Elles se classent en inclinations personnelles, en
inclinations sociales et en inclinations supérieures.

4. Indiquez l'objet des inclinations personnelles?

Les inclinations personnelles sont relatives à nous-mêmes ; elles nous font tendre vers des satisfactions que notre âme seule peut goûter, et en cela se distinguent des besoins [1].

5. Quelles sont-elles ?

Les inclinations personnelles sont : 1° l'amour de la vie, ou instinct de conservation ; 2° l'amour-propre, ou estime de soi-même, qui nous porte à développer le plus possible toutes nos facultés et à établir notre supériorité sur autrui ; 3° l'amour de la liberté ; 4° l'amour du pouvoir, qui nous porte, soit à soumettre nos semblables à notre autorité, soit à étendre notre action sur les choses, et engendre, dans ce dernier cas, l'amour de la propriété.

6. Indiquez l'objet des inclinations sociales ?

Les inclinations sociales sont relatives aux autres hommes ; elles nous portent à favoriser autant qu'il nous est possible le bien de nos semblables.

7. Sur quoi se fondent-elles ?

Elles se fondent sur la sympathie, qui est une disposition à partager les joies et les peines d'autrui, c'est-à-dire de notre semblable.

8. Quelles sont-elles ?

Les inclinations sociales sont : 1° la sociabilité, qui nous porte à vivre en société ; 2° la philanthropie, ou amour des hommes, qui nous porte à travailler au bien de nos semblables, quels qu'ils soient ; 3° le penchant à l'imitation, qui nous porte à reproduire les actes de ceux que nous fréquentons ; 4° les inclinations domestiques, ou de la famille, qui embrassent l'amour conjugal, l'amour paternel ou maternel,

---

1. Aux inclinations correspondent les sentiments ; aux besoins correspondent les sensations.

l'amour filial, l'amour fraternel ; 5° le patriotisme, ou amour de la patrie ; 6° l'amitié, qui nous porte à nous choisir des amis.

9. Indiquez l'objet des inclinations supérieures?

Les inclinations supérieures sont relatives à des objets supérieurs à l'homme, et dont l'idée se rencontre dans tout esprit bien organisé. Ces objets sont : la vérité, la beauté, le bien, et, au-dessus d'eux, Dieu qui en est la source.

10. Quelles sont-elles?

Les inclinations supérieures sont : 1° l'amour du vrai, qui nous donne le désir de nous instruire ; 2° l'amour du beau, qui nous fait goûter la beauté dans toutes ses manifestations ; 3° l'amour du bien, qui nous dispose à l'accomplissement de nos devoirs ; 4° le sentiment religieux, qui nous fait aimer Dieu et nous inspire de la reconnaissance pour ses bienfaits.

6° LEÇON

La sensibilité morale (inclinations, émotions, passions).

Tout ce qui tend à satisfaire nos inclinations nous plaît et nous rend heureux ; tout ce qui les contrarie nous déplaît et nous rend malheureux.

A mesure qu'elles sont satisfaites, nos inclinations prennent plus d'importance. Elles peuvent se transformer en passions.

Les passions jouent, dans notre vie, un rôle tantôt favorable, tantôt funeste.

1. A quoi donnent lieu les inclinations?

Les inclinations donnent lieu à des émotions.

2. Qu'est-ce qu'une émotion?

Une émotion est un sentiment agréable ou désagréable, un plaisir ou une peine.

3. Citez des émotions?

La joie, le désir, l'espérance, la crainte, le regret, la tristesse, l'aversion et la colère sont des émotions.

4. Expliquez-les?

— L'amour que nous éprouvons pour une chose favorable à notre bien engendre :

la joie de la posséder, si elle est présente ;

le désir de nous unir à elle, l'espoir de la voir se réaliser ou la crainte de ne pouvoir l'atteindre, si elle est absente ;

la colère, si des obstacles nous en séparent ;

le regret de l'avoir perdue, si elle vient à disparaître alors que nous la possédions.

— La haine que nous éprouvons pour une chose contraire à notre bien engendre :

la tristesse, si cette chose est présente et s'impose à nous ;

l'aversion, qui nous en éloigne, si elle est absente, et la crainte qu'elle ne se produise ;

enfin, la joie de pouvoir l'éviter[1].

5. Quelle est la conséquence de l'émotion?

C'est de nous faire agir, soit en vue de nous unir

---

1. Tels sont les mouvements de la sensibilité dans une âme dont les inclinations, toujours bien dirigées, se font équilibre. — Mais, trop fréquemment, nous nous attachons à des choses contraires à notre bien et dont nous n'ignorons nullement le véritable caractère. Nous passons alors, à leur occasion, par toutes les émotions qui viennent d'être indiquées.

aux objets agréables, soit en vue de nous éloigner des objets désagréables.

6. Qu'est-ce qu'une passion?

Toute inclination dont l'importance s'est accrue dans une âme par l'habitude de poursuivre son objet est appelée passion.

La passion tend à étouffer les autres penchants; elle peut s'exalter au point de faire de l'homme son esclave; elle peut aussi se pervertir, c'est-à-dire se tourner vers le mal[1].

7. Citez des passions?

La peur et la lâcheté, qui proviennent de l'amour de la vie; l'orgueil, l'envie, qui proviennent de l'amour-propre; le courage qui subordonne l'amour de la vie à l'amour du devoir; l'ambition, qui provient de l'amour du pouvoir; l'avarice, qui provient de l'amour de la propriété; la haine de l'étranger, qui provient du patriotisme; — la passion du savant pour la science, qui provient de l'amour du vrai; la passion du peintre pour son art, qui provient de l'amour du beau; la vertu qui provient de l'amour de l'honnête homme pour le bien; le prosélytisme religieux, qui provient de l'amour du divin, etc., etc.

8. Quelle est l'importance des passions dans la vie?

Les passions ont une grande importance. Selon qu'elles sont bonnes ou mauvaises, elles peuvent faire beaucoup de bien ou beaucoup de mal[2].

---

1. Voir note de la question 9.
2. Passions nobles : l'amour de la science, qui fait les grands savants; l'amour de l'humanité, qui engendre les actes de dévouement; l'amour divin, qui fait les martyrs; l'amour du bien, qui fait les hommes vertueux; l'amour du beau, qui fait les grands artistes; l'enthousiasme du bien

9. Quelle doit être notre conduite à leur égard?

Nous devons combattre les passions basses, qui nous dégradent, et favoriser, au contraire, les passions nobles, qui embellissent notre vie. Toutefois, il faut prendre garde qu'une passion bonne en soi ne nous absorbe au point de paralyser entièrement nos autres inclinations[1].

TABLEAU DE LA SENSIBILITÉ

(LEÇONS 3 A 7)

— Faculté d'éprouver du *plaisir* ou de la *douleur*, de la *joie* ou de la *peine*, d'*aimer* ou de *haïr*.

— Faite d'*inclinations* : *besoins* (vie physique), *inclinations proprement dites* (vie morale).

— Elle est *fatale*.

— Elle revêt deux formes : *sensibilité physique*, *sensibilité morale*.

a) Sensibilité physique.

Elle est le principe des *sensations* (douleurs ou plaisirs causés par des faits physiques).	*Externes.*	— Découlent de nos rapports avec les objets matériels, par l'intermédiaire des sens. — Sensations de la vue, de l'ouïe, du toucher, de l'odorat et du goût.
	Internes.	— Sont liées aux différents états de l'organisme. — Sensations de crampe, de coupure, faim, soif, fatigue, sensation de fièvre, bien-être de la santé, etc.

public, qui fait les grands citoyens ; l'amour paternel ou maternel, l'amour filial, etc.

Passions basses ou mauvaises : tous les vices qui dérivent de nos appétits (sensualité, ivrognerie, paresse, etc.); l'envie; l'avarice; l'ambition, lorsqu'elle nous porte à commettre des crimes pour arriver au pouvoir, etc.

1. Les passions les plus nobles, poussées à l'excès, ont parfois de graves conséquences : ou bien elles nous portent à l'oubli de certains devoirs, ou bien même elles se pervertissent. — Tel savant, dominé par sa passion, méconnaît entièrement ses devoirs de mari et de père ; — tel chef d'État, tel homme de guerre, mû par un amour immodéré de la gloire, se jette dans des entreprises funestes pour son pays ; — le fanatique, étouffant en lui tout sentiment d'humanité, voue à la mort quiconque professe une doctrine religieuse autre que la sienne, etc.

Elle embrasse :	1° Les *sens* (moyens de communication avec le monde extérieur).	— Sont des pouvoirs de l'âme ; ils ont à leur service des appareils qui font partie du corps et qui sont leurs organes.
		— La vue et l'œil ; l'ouïe et l'oreille ; le toucher et la main ; l'odorat et le nez ; le goût, la langue et le palais.
	2° Les *besoins* (inclinations de la vie physique).	— Besoin de nutrition, besoin de respiration, besoin de mouvement, besoin de repos, besoin de sommeil, etc.
		— Satisfaits, ils donnent lieu à des sensations agréables ; contrariés, ils donnent lieu à des sensations désagréables.
		— Il s'y ajoute des *appétits*.
		— Les appétits peuvent engendrer des *vices*.

b) Sensibilité morale.

Elle est le principe des *sentiments*, joies ou peines causées par des faits immatériels).

Elle réunit toutes les *inclinations de la vie morale*.

Les *inclinations* de la vie morale sont de trois sortes :	*personnelles.*	— Amour de la vie, amour-propre, amour de la liberté, amour du pouvoir, amour de la propriété.
	sociales.	— Sociabilité, philanthropie, penchant à l'imitation, inclinations domestiques, patriotisme, amitié.
	supérieures ou *idéales.*	— Amour du vrai, amour du beau, amour du bien. — Sentiment religieux.
Elles donnent naissance aux *émotions* (plaisirs ou peines) :		— joie, désir, espérance ; — crainte, regret, aversion, tristesse ; — colère.
Elles peuvent, ainsi que les appétits, se transformer en *passions :*	*nobles.*	— Amour de la science, amour de l'humanité, amour divin, amour du bien, amour du beau, amour paternel ou maternel, amour filial, amour du bien public, etc.
	basses ou *mauvaises.*	— Envie, avarice, ambition, sensualité, paresse, ivrognerie, etc.

III

7° LEÇON

L'Intelligence (ses opérations, l'attention).

L'âme pense, c'est-à-dire qu'elle connaît et comprend. Sa pensée se rapporte, soit au passé, soit au présent, soit à l'avenir.

L'intelligence est fatale, comme la sensibilité ; mais il ne s'ensuit pas qu'elle soit infaillible : à côté de la vérité, il y a l'erreur.

Nous ne pouvons bien penser qu'à la condition d'être attentifs.

1. Rappelez la définition de l'intelligence?

L'intelligence est la faculté de penser, c'est-à-dire de connaître et de comprendre.

2. Expliquez cette définition?

Penser, c'est avoir des idées sur les objets matériels ou immatériels et sur soi-même ; c'est se représenter des objets absents ou des objets qui n'ont point d'existence réelle ; c'est aussi porter sur les divers objets de ses idées des jugements, se bien expliquer les choses et les comprendre, enfin, se souvenir de ce que l'on a connu ou compris.

3. Comment peut-on résumer toutes ces opérations?

On peut dire que l'intelligence est la faculté de connaître et de comprendre le présent, de faire revivre le passé, c'est-à-dire de le connaître et de le comprendre à nouveau, enfin, de prévoir l'avenir, c'est-à-dire de se le représenter à l'avance, par le raisonnement ou par l'imagination.

4. Pensons-nous comme nous voulons?

Les faits d'intelligence s'imposent à nous, et nous ne les modifions pas à notre fantaisie. Nous ne sommes pas libres, par exemple, de nous faire du soleil une idée autre que celle d'un corps rond, d'avoir la certitude que deux et deux ne fassent pas quatre, de ne pas trouver belle la vertu, etc. Il ne dépend donc pas de nous d'avoir telle idée ou telle pensée plutôt que telle autre. — L'intelligence est fatale.

5. Est-ce à dire que les hommes pensent toujours juste sur toute chose?

Non : l'intelligence a ses faiblesses ; elle est sujette à l'erreur. Mais quand nous nous trompons, c'est sans intention formelle de nous tromper [1].

6. Que supposent les diverses opérations de l'intelligence?

Les diverses opérations de l'intelligence supposent autant de pouvoirs distincts que l'on appelle facultés intellectuelles.

7. Citez des facultés intellectuelles?

L'attention, le sens intime, la mémoire, le jugement, le raisonnement, etc.

8. Parmi ces facultés, n'y en a-t-il pas une qui soit au service de toutes les autres?

Oui : c'est l'attention.

---

1. Il n'y a pas d'exemple qu'un homme ait, de propos délibéré, confondu le blanc et le noir, une sphère avec un cube, le vice avec la vertu ; ni qu'il se soit souvenu de quelque chose qu'il n'eût pas tout d'abord pensé.

9. Qu'est-ce que l'attention ?

L'attention est le pouvoir que possède l'esprit de se fixer sur ce qui doit être connu ou compris.

10. Qu'est-ce qu'un acte d'attention ?

C'est un effort pour connaître ou comprendre.

11. Sous quels noms désigne-t-on encore l'attention ?

On l'appelle observation, quand elle se porte sur les choses extérieures ; réflexion, quand elle s'applique a l'examen des objets immatériels ou de l'esprit lui-même ; application, quand elle est de longue durée ; contention, quand elle est violente et fatigante ; contemplation, quand il s'y mêle un sentiment d'admiration [1].

12. Quels sont les effets de l'attention ?

L'attention favorise le bon exercice des autres facultés intellectuelles et donne à celles-ci une plus grande force. C'est à elle que nous devons la netteté de nos idées, la justesse de nos jugements et de nos raisonnements, la précision de nos souvenirs [2].

---

1. Le physicien observe les phénomènes naturels, pour en saisir les causes et les lois ; — le philosophe réfléchit aux choses de l'âme ; chacun de nous a besoin de réfléchir pour faire son devoir en toutes circonstances ; — le bon élève se fait remarquer par son application ; — la solution d'un problème difficile entraîne une grande contention d'esprit ; — nous contemplons un beau coucher de soleil, le ciel constellé d'étoiles, l'homme vertueux.

2. Les philosophes et les savants ont souvent proclamé sa grande utilité : Newton, interrogé sur les moyens qui l'avaient conduit à tant de découvertes admirables, répondait que sa principale ressource avait été « d'y penser toujours ».

L'attention fait la différence entre les esprits sérieux et les esprits légers. Elle est de la plus grande importance dans les choses de la conduite.

8ᵉ LEÇON

L'intelligence (perception extérieure, sens intime).

Nous connaissons le monde physique, nous nous renseignons sur l'existence et les propriétés des objets matériels par la perception extérieure.

Nous saisissons notre âme, nous nous renseignons sur les faits qui l'intéressent par le sens intime ou conscience.

1. Que devons-nous faire pour connaître les objets qui nous entourent?

Nous devons porter notre attention sur les différentes sensations qu'ils nous donnent.

2. Quel est le résultat de cette opération?

C'est de nous fournir des idées : 1° sur leur forme, leur couleur, leurs dimensions, leur état de mouvement ou de repos; 2° sur le son qu'ils peuvent produire et sur ses qualités [1]; 3° sur la résistance qu'ils nous opposent, leur dureté, leur mollesse, leur poids, le poli ou le rugueux de leur surface; 4° sur leur odeur ; 5° sur leur saveur.

3. Ne peut-on pas résumer tout cela dans un mot?

Oui, on dit que l'on perçoit les propriétés des corps.

---

1. Un son est doux ou criard ; il a plus ou moins de volume et d'intensité ; il est aigu ou grave ; il offre des timbres différents, selon les instruments qui le produisent.

4. Et comment appelle-t-on cette faculté de percevoir?

On l'appelle perception extérieure.

5. Définissez-la?

La perception extérieure est la faculté par laquelle nous connaissons l'existence et les propriétés des objets matériels.

6. Ne s'applique-t-elle qu'aux objets qui sont en dehors de nous?

Elle s'applique, en outre, à notre propre corps, qui, lui aussi, est matière; elle nous le fait distinguer de tout ce qui nous entoure.

7. Quels sont ses instruments?

Ce sont les cinq sens.

8. Marquez, en quelques mots, la différence entre la sensation et la perception?

Voir, entendre, toucher, goûter, sentir, c'est simplement éprouver des sensations; regarder, écouter, palper, déguster et flairer, c'est être attentif et acquérir des idées.

9. Les sens appartiennent donc à la fois à la sensibilité et à l'intelligence?

Oui, les sens appartiennent à la fois à la sensibilité et à l'intelligence. L'intelligence travaille sur les données que la sensibilité lui fournit.

10. Dites rapidement quelle est leur utilité?

Les sens nous révèlent la nature et nous fournissent le moyen d'utiliser les objets qu'elle renferme pour la satisfaction de nos besoins.

11. Devons-nous toujours nous fier à nos sens?

Non, car ils sont imparfaits et nous trompent assez souvent. C'est pourquoi nous devons apprendre à bien interpréter les apparences des choses [1].

12. Comment connaissons-nous notre âme?

L'âme se connaît elle-même ; elle se saisit dans tous ses actes, c'est-à-dire qu'elle sait en être la cause. Quand elle sent, elle sait qu'elle sent ; quand elle pense, elle sait qu'elle pense ; quand elle veut, elle sait qu'elle veut.

13. Quel nom donne-t-on à ce pouvoir?

On l'appelle sens intime, conscience, ou encore perception interne [2].

14. Quel en est l'auxiliaire?

C'est la réflexion.

15. Donnez quelques détails sur le rôle du sens intime?

Par le sens intime, l'âme saisit le *moi* [3], c'est-à-dire qu'elle se distingue nettement des autres êtres et des objets sur lesquels peut se porter son attention ; elle sait aussi qu'elle est une, qu'elle ne change pas, qu'elle peut être une cause et produire des effets, par conséquent elle se sent libre et responsable.

---

1. Un bâton plongé dans l'eau semble brisé ; les arbres d'une avenue semblent diminuer de hauteur et se resserrer, à mesure qu'ils s'éloignent ; à distance, une tour carrée paraît ronde ; une dimension vue en hauteur ou en profondeur semble diminuée, etc.
2. Par opposition avec la perception extérieure.
3. On définit le moi : l'âme se connaissant elle-même par la conscience.

9° ET 10° LEÇONS

L'intelligence (mémoire, imagination).

Nous avons le pouvoir de nous souvenir, c'est-à-dire de retrouver en nous tous les faits de notre âme qui appartiennent au passé.

Nous pouvons, en outre, soit nous représenter les objets que nous avons connus, soit concevoir et réaliser des objets nouveaux.

1. Que deviennent les acquisitions dues à la perception extérieure et à la conscience?

Les unes s'évanouissent sans laisser de trace dans l'intelligence, les autres sont conservées et peuvent être reproduites par la mémoire.

2. Qu'est-ce que la mémoire?

La mémoire est la faculté de se rappeler le passé.

3. A quoi s'applique-t-elle?

La mémoire s'applique à toutes les choses de l'âme : elle conserve et rappelle non seulement les idées et les mots, mais encore les sensations, les sentiments, les connaissances dues au jugement, au raisonnement, etc.[1].

---

1. Autrefois, j'ai vu et touché tel objet : je m'en souviens et je retrouve en moi l'idée de la forme, de la couleur, des dimensions de cet objet. J'ai, l'an dernier, accompli telle bonne action : je m'en souviens et j'en suis à nouveau satisfait. Après avoir observé tel phénomène naturel, j'en ai saisi la cause : au retour de ce phénomène, l'idée de la cause qui le détermine,

4. Quels noms donne-t-on aux faits de mémoire?

On les appelle souvenirs, quand ils sont précis et complets ; — réminiscences, quand ils sont vagues et incomplets.

5. La mémoire est-elle bien importante?

Oui, car elle est, pour chacun de nous, la condition du progrès et de la science[1].

6. Est-elle également bonne chez tous les hommes?

Tous les hommes n'ont pas une mémoire également heureuse. Mais ceux qui n'ont qu'une mémoire faible et hésitante peuvent la rendre meilleure par l'exercice.

7. Quels sont, d'une manière générale, les moyens propres à assurer la mémoire?

C'est l'attention et la répétition : nous nous rappelons sans peine ce à quoi nous avons été très attentifs ; — en répétant un certain nombre de fois un travail intellectuel, nous fixons profondément nos connaissances dans notre esprit, et, lorsque les circonstances l'exigent, nous les y retrouvons facilement.

8. Quelles sont les qualités d'une bonne mémoire?

Les qualités d'une bonne mémoire sont : la facilité

---

me revient en l'esprit, sans qu'il soit nécessaire de reprendre mon examen.

— La mémoire porte différents noms, suivant les objets auxquels elle s'applique : mémoire des idées, mémoire des mots, mémoire des faits, mémoire des nombres, mémoire des dates, mémoire des lieux, mémoire des physionomies, mémoire des sons, etc.

1. Sans la mémoire, l'esprit serait comparable à un tonneau sans fond se vidant en même temps qu'il se remplit. Oubliant tout à mesure qu'il connaîtrait ou comprendrait, l'homme serait condamné à un perpétuel recommencement ; il ne saurait même pas ce qu'est le temps, et s'il dure.

à apprendre, la ténacité à conserver et la promptitude
à reproduire.

9. Quel est le contraire du souvenir?

C'est l'oubli.

—————

10. Par quoi se complètent souvent nos souvenirs?

Nos souvenirs se complètent souvent par la représentation ou évocation des objets que nous avons
perçus [1].

11. Quelle faculté donne lieu à cette représentation?

C'est l'imagination, ou pouvoir de retrouver en soi
des images, de considérer les objets connus dans le
passé comme s'ils étaient encore sous le regard de
l'esprit.

12. L'imagination n'est-elle que le pouvoir de ressusciter le passé?

L'imagination est encore la faculté de concevoir et
de réaliser des objets nouveaux [2].

———————————————

1. J'ai vu, il y a quelque temps, Notre-Dame de Paris : aujourd'hui je
m'en souviens, et, fermant les yeux, je retrouve en moi l'image exacte de
ce monument. — J'ai visité un pays lointain : à des centaines de lieues de
distance, ce pays se retrace à mon esprit. — J'ai entendu autrefois une
mélodie qui m'a beaucoup plu : à de certains moments, il me semble
l'entendre encore.

2. Le peintre conçoit un sujet de tableau, et, combinant des couleurs, il
produit une œuvre originale ; le sculpteur conçoit un type de beauté et le
modèle dans le marbre ; le romancier crée des personnages à qui il prête
des idées, des sentiments, des rôles divers, et les fait agir comme des êtres
vivants ; l'inventeur voit son œuvre avant de la réaliser. — L'imagination
créatrice est réglée par le goût (ensemble de principes qui font partie de
notre nature ; discernement rapide des beautés et des défauts). On peut
avoir le goût fin et sûr, le goût faux.

13. Quel nom lui-donne-t-on, dans ce cas?

On l'appelle imagination créatrice.

14. Quelle est sa forme supérieure?

C'est le génie.

15. Quel rôle l'imagination joue-t-elle dans la vie?

L'imagination intervient dans tous nos actes : c'est elle qui nous représente le but à atteindre et nous suggère les moyens à employer. Elle est le principe des beaux-arts et de la poésie ; elle préside aux inventions et à tous les progrès des arts industriels. — Dans la vie pratique, son influence est tantôt bienfaisante, tantôt funeste : elle orne et embellit notre existence, mais aussi elle nous fait commettre bien des erreurs, et souvent flatte nos désirs et entretient nos passions[1].

16. Quelle loi régit les faits de mémoire et d'imagination?

C'est la loi d'association des idées. Quand plusieurs idées ou images se sont produites ensemble dans l'esprit, si l'une reparaît, les autres tendent à reparaître également. — L'ordre des idées reproduit l'ordre dans lequel leurs objets nous ont été connus.

---

1. C'est à elle qu'il faut attribuer les « châteaux en Espagne ». — Elle est la mère des superstitions ; — elle retrace aux yeux de l'ambitieux les joies du pouvoir ; elle montre à l'avare les richesses dont il est avide.

11ᵉ LEÇON

L'intelligence (abstraction, généralisation).

Nous pouvons abstraire, c'est-à-dire considérer les qualités des objets sans les objets eux-mêmes.

Nous pouvons généraliser, c'est-à-dire ranger en classes les êtres et les faits en ne nous occupant que de leurs caractères communs.

La généralisation est la condition de la science.

1. Comment, d'ordinaire, les objets se présentent-ils à notre examen?

Chacun d'eux forme un ensemble : c'est une substance à laquelle sont attachées diverses qualités[1].

2. N'avons-nous que le seul pouvoir de saisir cet ensemble?

Non : nous pouvons encore isoler chacun des caractères de l'objet, l'étudier et le connaître en éliminant les autres.

3. Comment s'appelle cette opération?

Elle s'appelle abstraction.

4. Définissez-la?

L'abstraction est l'opération par laquelle l'intelligence sépare ce qui est inséparable dans la réalité.

---

1. Nous le percevons par les sens (Voir 8ᵉ leçon) et l'idée que nous nous en formons est dite concrète. Ex. : mon jardin. Pierre, le fils de mon voisin, la Seine, Notre-Dame-de-Paris, le Mont-Saint-Michel. — Les idées concrètes se rapportent donc aux réalités de la nature et du monde, aux objets individuels ; elles en rassemblent tous les caractères; elles sont complexes; elles sont bien les idées d'un ensemble, d'un tout.

5. Donnez des exemples?

Je vois un tableau noir, un cheval noir, une étoffe noire : je puis porter mon attention sur la couleur noire exclusivement et me faire l'idée du noir. — Près de moi passe un misérable ; ému de pitié, je lui donne quelque argent : à l'occasion de cet acte, je puis, oubliant cet homme, la situation où il se trouve et mon intervention elle-même, ne penser qu'à la seule vertu de charité. — Après avoir considéré, dans un objet matériel, deux faces qui se coupent, je puis ne penser qu'à la ligne qu'elles déterminent, etc.

Les idées que je me forme du noir, de la ligne, de la charité, sont des idées abstraites[1].

6. Citez-en d'autres?

Les idées exprimées : 1° par les adjectifs qualificatifs : long, rond, blanc, juste, pieux, avare, etc. ; 2° par les noms abstraits : longueur, rondeur, blancheur, justice, piété, avarice, etc. ; 3° par les termes généraux : dimensions, forme, couleur, vertu, vice, etc.

7. Qu'est-ce qu'un terme général?

Un terme général est celui qui exprime les caractères communs d'un nombre plus ou moins considérable d'êtres, d'objets ou de faits réunis dans une même classe. C'est le mot qui indique ce en quoi plusieurs « individus » se ressemblent[2].

---

1. Il est facile de voir : 1° qu'elles sont simples ; 2° qu'elles sont véritablement élaborées, construites par l'esprit.
2. La généralisation groupe les êtres et les objets en « genres » et en « espèces ». — L'espèce est contenue dans le genre.

8. Citez des termes généraux?

Homme, animal, vêtement, maison, couleur, forme, nombre, volume, vertu, passion, vice, etc., et tous les noms communs qui désignent des classes d'êtres ou d'objets.

9. Quel rapport y a-t-il entre la généralisation et l'abstraction?

La généralisation est le degré le plus élevé de l'abstraction. Toutes les idées générales sont des idées abstraites.

10. A quoi nous conduit la généralisation?

Les objets sur lesquels peut se porter notre attention sont tellement nombreux que la mémoire la plus fidèle demeurerait impuissante à retenir toutes les idées auxquelles ils donnent lieu. La généralisation, en les rassemblant en catégories, en les groupant en classes, permet de saisir et de fixer dans l'intelligence ce par quoi ils nous intéressent, et, par suite, d'avoir des connaissances certaines, d'arriver à la science [1].

11. Sur quoi s'appuie-t-elle?

La généralisation s'appuie sur la comparaison.

12. Définissez la comparaison?

La comparaison est l'opération par laquelle l'esprit rapproche plusieurs objets pour en saisir la ressemblance ou la différence.

13. Qu'est-elle, au fond?

Au fond, elle est un mode de l'attention [2].

---

1. Il n'y a pas de science du « particulier »; il n'y en a que du « général ».
2. Grâce à la généralisation, le nombre des idées diminue et la richesse de l'esprit augmente.

12ᵉ ET 13ᵉ LEÇONS

L'intelligence (jugement, raisonnement).

Par le jugement, nous attribuons une manière d'être à une personne ou à une chose, nous apercevons le rapport existant entre deux idées.

Par le raisonnement, nous unissons des jugements pour en tirer une conclusion.

1. Qu'est-ce que le jugement?

Le jugement est la faculté qui nous permet d'attribuer à un être ou à un objet la qualité, le caractère qui lui convient.

On peut le définir encore : l'opération par laquelle nous affirmons quelque chose de quelqu'un ou de quelque chose [1].

2. Donnez des exemples?

1° Dans l'examen d'une fleur, mon attention peut se porter sur sa forme, sa couleur, son parfum, etc. Si, réunissant l'idée de la fleur et celle de la couleur qu'elle offre et que je reconnais, j'affirme que « cette fleur est rouge », par exemple, je porte un jugement.

2° Après avoir conçu les deux idées générales de vertu et de beauté, je les réunis dans le jugement suivant : « la vertu est belle. »

---

1. D'où, trois termes dans le jugement (1° sujet : ce dont on affirme quelque chose ; — 2° attribut : ce qu'on affirme du sujet ; — 3° verbe : trait d'union entre le sujet et l'attribut, signe de l'affirmation).

3. Par quoi le jugement s'exprime-t-il?

L'expression d'un jugement est la proposition. La proposition compte autant de termes que le jugement lui-même : sujet, attribut, verbe.

4. Quels sont les antécédents de tout jugement?

Un jugement quelconque s'appuie toujours sur l'abstraction et la comparaison.

5. Tous nos jugements sont-ils exacts?

Non, nous pouvons faire de faux jugements, soit par suite de la difficulté que nous éprouvons à bien saisir la nature et les caractères des objets de notre pensée, ou de notre trop grande précipitation à juger, soit à cause des passions qui nous aveuglent, des habitudes que nous devons à notre éducation, de l'influence du milieu où nous vivons, etc.

6. Quel nom donne-t-on aux jugements faux?

On leur donne le nom d'erreurs [1].

---

1. Exemples d'erreurs. — *a*) Erreurs ou préjugés scientifiques : « la nature a horreur du vide » ; « le soleil tourne autour de la terre ». *b*) Erreur due à la trop grande précipitation à juger : un tel a mangé de bons champignons : généralisant sans expérience suffisante, il déclare que « tous les champignons sont inoffensifs ». *c*) Erreurs dues à la passion : les jugements trop indulgents d'une mère sur son fils, qu'elle aime passionnément et dont elle ne voit pas les défauts; les jugements injustes que nous portons sur quiconque est l'objet de notre haine. ou, lorsque nous sommes trop amoureux de nous-même, sur quiconque a raison contre nous dans une discussion (nous traitons alors notre adversaire de chicaneur) d'opiniâtre). *d*) Erreurs dues à une éducation mal comprise ou au milieu où l'on vit : aux yeux de certains riches, « les misérables ont tous les vices, » et réciproquement, aux yeux de certains ouvriers, le patron est toujours « une façon de voleur, un exploiteur » ; aux yeux du paysan, quiconque ne travaille pas de ses mains (l'instituteur, le prêtre, l'avocat, etc.) est « un fainéant », etc., etc.

7. Que signifie l'expression « avoir du jugement »?

Quand on dit d'un homme « qu'il a du jugement », on entend par là qu'il a l'esprit juste, qu'il discerne facilement le vrai du faux : en un mot, qu'il juge généralement avec exactitude.

8. Est-ce là une qualité dont il faille faire grand cas?

Oui, car un jugement sûr et droit nous rend d'immenses services dans la conduite de nos affaires, dans notre vie de tous les jours et dans nos rapports de société — sans compter qu'il n'y a point d'étude vraiment féconde pour quiconque en est dépourvu.

9. Par quels moyens pouvons-nous nous préserver de l'erreur?

1° En apportant dans tous nos jugements la plus grande attention ; 2° en contrôlant notre propre opinion par l'opinion d'autrui — principalement par celle des hommes que nous savons nous être supérieurs par l'esprit, par l'expérience et par le caractère ; 3° en nous efforçant, quand nous devons juger, d'oublier toute passion, tout intérêt personnel, et en ne sacrifiant jamais la vérité à quoi que ce soit qui puisse tourner à notre avantage.

---

10. Qu'est-ce que le raisonnement?

Le raisonnement est la faculté de lier ensemble des jugements pour en tirer une conclusion.

On peut le définir encore : l'opération par laquelle nous tirons un jugement d'un autre jugement, à l'aide d'un ou de plusieurs jugements intermédiaires.

11. Donnez des exemples?

Tous les corps sont pesants ; or l'air est un corps : donc l'air est pesant.

Tout élève qui veut s'instruire doit écouter; or vous voulez vous instruire : donc vous devez écouter.

Toute science est utile; or l'histoire est une science : donc l'histoire est utile[1].

12. Par quoi le raisonnement s'exprime-t-il?

L'expression du raisonnement est une suite de propositions reliées entre elles par les conjonctions : car, or, parce que, puisque, donc, etc.

13. De combien de manières raisonnons-nous?

Nous raisonnons de deux manières : 1° par induction; 2° par déduction.

14. Parlez de l'induction?

Nous raisonnons par induction quand, de l'observation d'un nombre plus ou moins considérable de faits particuliers, nous nous élevons à la conception d'une vérité générale.

15. Donnez des exemples?

1° Nous avons reconnu que tous les objets que nous abandonnions à eux-mêmes dans l'espace tombaient : nous en concluons qu'une force, à laquelle nous donnons le nom de pesanteur, attire tous les corps, quels qu'ils soient, vers la terre.

2° Nous avons remarqué que l'eau exposée au soleil, ou sur le feu, se réduisait en vapeur; qu'il en allait de même pour plusieurs liquides, dans des conditions

---

1. On voit. d'après ces exemples, que le raisonnement n'est, au fond. qu'une manière de juger, de prouver une vérité au moyen d'autres vérités incontestables — ou encore, d'aller du connu à l'inconnu.

identiques : nous en concluons que la chaleur est un principe de vaporisation.

Ce sont des inductions.

16. Parlez de la déduction?

Nous raisonnons par déduction quand, inversement, nous allons d'une vérité générale aux faits particuliers ; quand nous appliquons une loi, un principe à tel cas spécial sur lequel se porte notre attention.

17. Donnez des exemples?

1° Deux surfaces qui coïncident parfaitement sont égales ; or le quadrilatère A peut être exactement superposé au quadrilatère B : donc il est égal à B.

2° Le gouvernement a le droit et le devoir d'assurer la liberté du travail pour tous les citoyens. Ceci posé, et tout en reconnaissant le droit des ouvriers à la grève, nous concluons à la légitimité des mesures prises pour garantir, en telle circonstance particulière, la liberté des travailleurs qui refusent de s'associer aux grévistes.

Ce sont des déductions.

18. Que faut-il pour qu'un raisonnement soit juste?

Pour qu'un raisonnement soit juste, il est nécessaire : 1° que le jugement pris pour point de départ et les jugements intermédiaires offrent la plus grande exactitude ; 2° qu'ils soient en rapport étroit les uns avec les autres et qu'ils entraînent nécessairement la conclusion [1].

---

1. Exemples de raisonnements justes : les raisonnements présentés au cours de la leçon.

Exemples de raisonnements faux : Certains hommes sont géomètres ; Paul est homme : donc Paul est géomètre — Les Anglais sont des insulaires ; or les Anglais sont des Européens : donc les Européens sont des insulaires — Un loir est une syllabe ; or un loir ravage les vergers : donc une syllabe ravage les vergers. C'est ce qu'on appelle des sophismes.

19. A quoi aboutit tout faux raisonnement?

Tout faux raisonnement aboutit à une erreur[1].

20. Dites quelle est l'utilité du raisonnement?

Le raisonnement est l'opération intellectuelle la plus complexe. Sous sa double forme, il nous rend d'inappréciables services : l'induction nous révèle les causes et les lois des phénomènes que nous percevons ; elle crée les sciences physiques et naturelles ; elle se fonde sur l'expérience du passé pour nous tracer des règles de conduite, etc. ; — la déduction nous permet de tirer des conséquences d'un principe, d'une vérité générale; elle est indispensable dans l'étude des mathématiques et des autres sciences exactes, et aussi dans les applications des sciences morales et politiques.

14ᵉ ET 15ᵉ LEÇONS

L'Intelligence (raison, langage).

Au-dessus du jugement et du raisonnement il y a la raison.

La raison, ou faculté de comprendre, est la forme supérieure de notre intelligence.

Toutes les fonctions intellectuelles ont pour complément le langage.

---

1. Il est facile de comprendre que les moyens propres à favoriser le bon exercice du raisonnement se confondent avec les remèdes préservatifs de l'erreur.

1. Que supposent le jugement et le raisonnement?

Le jugement et le raisonnement supposent la raison.

2. Qu'est-ce que la raison?

La raison est la forme supérieure de l'intelligence; elle nous fournit un certain nombre d'idées et de jugements sans lesquels nous ne pourrions penser; ce sont les points d'appui de toutes nos pensées.

3. Donnez des exemples?

1° Par elle nous concevons :

La cause en général;

L'espace;

Le temps;

La substance;

L'identité (qualité qui fait qu'une même chose ne peut, à la fois, être et n'être pas ce qu'elle est; par suite, que telle chose est la même que telle autre)[1];

Le nombre et la grandeur en général;

Le parfait, l'infini, le bien, le beau, Dieu, etc.

2° Ces idées donnent lieu à des jugements tels que ceux-ci :

Il n'y a point d'effet sans cause;

Tout corps occupe une place dans l'espace;

Tout événement s'accomplit dans le temps;

A égale A;

Deux quantités égales à une troisième sont égales entre elles;

Il faut faire le bien;

Dieu est la cause première du monde, etc.

---

1. On dit, dans le même sens : l'idée de contradiction; on ne peut pas affirmer qu'une chose est ou n'est pas dans le même temps.

4. Quels noms donne-t-on aux idées et aux jugements de la raison ?

On les appelle idées premières et vérités premières, à cause de leur extrême importance et parce que toutes nos idées, tous nos jugements s'y rattachent et s'y appuient.

5. Quels sont leurs principaux caractères ?

1° Les idées et les vérités premières sont innées, c'est-à-dire que nous les apportons avec nous en naissant[1] ;

2° Elles sont nécessaires, c'est-à-dire qu'elles s'imposent à notre esprit et que nous ne sommes pas maîtres de les concevoir autrement ;

3° Elles sont évidentes, c'est-à-dire qu'elles ne se démontrent pas ;

4° Elles sont universelles, c'est-à-dire qu'elles demeurent toujours et partout les mêmes.

6. Indiquez leur rôle dans la vie ?

1° Les idées et les vérités premières servent comme de point d'appui à tous les jugements que nous portons sur les êtres et les faits ;

2° Elles interviennent dans tous nos raisonnements ;

3° Elles règlent notre conduite.

7. Montrez l'intervention de la raison dans les deux formes du raisonnement ?

1° *Induction.* — Mes sens m'ont permis de constater que divers objets abandonnés à eux-mêmes dans l'espace tombaient. Ma raison me dit que tout phéno-

---

1. Les faits de la vie ne créent pas la raison ; ils ne sont, pour celle-ci, que des occasions de se manifester.

mène a une cause et se produit dans des conditions
déterminées; par suite, elle m'incite à rechercher la
cause de la chute des objets que j'ai vus tomber et les
conditions dans lesquelles cette cause a exercé son
influence. En outre, elle m'affirme que la nature est
toujours identique à elle-même, et me donne la certitude qu'il en ira de tous les corps libres dans l'espace
comme de ceux sur lesquels s'est portée mon observation. C'est pourquoi, raisonnant par induction, je puis-
conclure que tous les corps tombent pour une même
cause et selon une loi invariable[1].

2° *Déduction.* — Deux quantités égales à une troisième sont égales entre elles. — Après avoir observé
que A est égal à C et, d'autre part, que B est aussi
égal à C, j'en déduis que A égale B.

Deux surfaces qui coïncident exactement sont
égales; or, le quadrilatère A peut être exactement
superposé au quadrilatère B : donc il est égal à B.

Dans ces deux cas, la raison soutient mon raisonnement et donne à ma conclusion toute son autorité et toute sa valeur. A elle revient la certitude où
je suis que ce qui est vrai de toute une classe de faits
ou d'objets ne peut pas ne pas l'être de faits ou
d'objets particuliers rentrant dans cette classe.

8. Comment la raison intervient-elle dans notre conduite?

La raison nous fait concevoir le bien, le devoir, la
vertu, etc. Elle nous dit que tout homme est tenu de
faire le bien et d'éviter le mal, que la vertu mérite une
récompense et le vice un châtiment, etc. A la lumière

---

1. Sans la raison, il me serait donc impossible de saisir le « pourquoi »
et le « comment » des faits dont il s'agit (pourquoi les corps tombent,
comment ils tombent), en d'autres termes, de les « comprendre ».

de ses principes, nous jugeons tous nos actes, nous contenons nos passions, nous nous gouvernons, nous mettons de l'ordre dans notre vie. — Dans ce cas, elle n'est autre que la conscience morale.

***

9. Par quoi se complète notre intelligence?

Notre intelligence se complète par le langage. Chacun de nous possède la faculté de manifester par des signes (la parole et l'écriture principalement) ses peines, ses plaisirs, ses idées, ses jugements, ses résolutions, etc[1].

10. Indiquez l'utilité du langage?

1° Le langage est l'instrument nécessaire de toute communication entre les hommes : sans lui, point de société possible;

2° Les mots et les propositions dans lesquels nous enfermons notre pensée nous permettent de l'analyser et d'en apprécier plus sûrement la justesse ou l'inexactitude; en outre, ils aident considérablement au travail de notre mémoire; sans eux, l'abstraction, et par conséquent la science serait impossible.

---

1. Il est d'autres signes qui forment le « langage primitif » et dont le sens est compris de tous les hommes : les gestes, le rire, les larmes, les cris, le jeu de la physionomie. — La parole est un ensemble de sons et d'articulations dont les combinaisons différentes constituent les « langues ». L'écriture n'est autre que la parole représentée par des figures (ou lettres) conventionnelles.

TABLEAU DE L'INTELLIGENCE

(Leçons 7 à 10.)

Faculté de *penser*, c'est-à-dire de connaître et de comprendre.

La pensée se rapporte, soit au *présent*, soit au *passé*, soit à l'avenir.

L'intelligence est *fatale*, mais *non infaillible*.

Ses diverses opérations supposent autant de *pouvoirs* distincts appelés *facultés intellectuelles* :

1° l'*attention* (effort pour connaître ou comprendre).
— *observation;*
— *réflexion;*
— *application;*
— *contention;*
— *contemplation.*

2° Les facultés d'*acquisition* ou de perception :

perception extérieure.
— fait connaître l'existence et les propriétés des *objets matériels;*
— a pour instruments les *sens* et pour auxiliaire l'*observation;*
— donne lieu à des *idées* ou *perceptions.*

perception interne ou conscience.
— saisit le *moi;*
— a pour auxiliaire la *réflexion;*
— donne lieu également à des *perceptions;*

3° Les facultés (*conservation* et *combinaison* régies par la loi *l'association des idées*) :

mémoire.
— conserve et rappelle le *passé;*
— donne lieu à des *souvenirs* et à des *réminiscences;*
— embrasse toutes les choses de l'âme;
— mémoire des *idées*, des *mots*, des *faits*, des *nombres* et des *dates*, des *lieux*, des *physionomies*, des *sons*, etc.

imagination.

— *reproductrice*
— forme *inférieure:*
— fait revivre le passé dans des *images.*

— *créatrice*
— forme *supérieure:*
— conçoit et réalise des *objets nouveaux;*
— le *génie.*

4° Les facultés d'*élaboration* (utilisent les données fournies par les facultés d'acquisition : on tirent des idées nouvelles; en font sortir des pensées complètes) :

comparaison.
- — *mode* de l'*attention;*
- — *rapproche* les objets et les faits;
- — permet d'en saisir les *ressemblances* et les *différences;*
- — *antécédent* de la généralisation et du jugement.

abstraction.
- — *sépare*, pour l'examiner à part, ce qui est *inséparable* dans la réalité;
- — trois *degrés*
  - — *adjectif qualificatif;*
  - — *nom abstrait;*
  - — *terme général.*

généralisation.
- — *réunit* les objets et les faits en *classes;*
- — donne lieu aux idées de *genres* et *espèces;*
- — il n'y a de *science* que du *général.*

jugement.
- — saisit et *affirme* les véritables *rapports* des choses;
- — s'exprime par la *proposition* (sujet, attribut, verbe);
- — se fonde sur l'*abstraction* et la *comparaison;*
- — jugements *exacts* ou *faux* (erreurs);

raisonnement.
- — *lie* des *jugements* et en tire une *conclusion;*
- — deux *formes*
  - — *induction* (conclut du particulier au général);
  - — *déduction* (conclut du général au particulier);
- — raisonnements *justes* ou *faux.*

5° La *raison* (faculté fondamentale).
- — ensemble d'*idées* et de *principes* sans lesquels nous ne pourrions penser;
- — faits.
  - — *idées premières* : *innées, nécessaires,*
  - — *vérités premières* : *évidentes, universelles.*
- — *point d'appui* du jugement et du raisonnement;
- — règle la *conduite.*

6° Le *langage:*
- — *expression* de la pensée.
- — *instrument* de toute *communication* entre les hommes.

IV

16° LEÇON

L'activité (activité automatique, instinct).

Vivre, c'est agir.

L'activité revêt quatre formes : l'automatisme, l'instinct, la volonté, l'habitude.

1° Nous agissons automatiquement et simplement parce que nous vivons; 2° nous agissons par instinct.

1. Quelle est la qualité propre de l'âme?

C'est d'être toujours active, soit dans son union avec le corps, pour produire des mouvements, soit[1] dans son domaine propre, pour concevoir, juger, raisonner, aimer, vouloir, etc. Vivre, c'est agir.

2. Qu'appelle-t-on plus particulièrement activité?

Toutefois, le nom d'activité est réservé au pouvoir que possède l'âme de mettre en mouvement les organes du corps et, par l'intermédiaire de celui-ci, de produire des actions, c'est-à-dire des effets au dehors, sur le monde extérieur.

3. Combien de formes revêt l'activité?

L'activité revêt quatre formes: l'activité automatique, l'instinct, la volonté, l'habitude.

---

1. D'où la distinction faite, d'ordinaire, entre l'activité physique et l'activité morale.

4. Qu'entend-on par activité automatique?

Par activité automatique (automatisme), on entend celle qui découle de la vie même. Les mouvements désordonnés du petit enfant, les mouvements de chacun de nous à son réveil, les mouvements de nos organes internes nécessaires à la respiration, à la digestion, etc., sont des mouvements automatiques.

5. Qu'est-ce que l'instinct?

L'instinct est une impulsion naturelle qui porte l'individu à accomplir les actes nécessaires à sa propre conservation et à celle de son espèce. Il prend différentes formes, qui sont les instincts.

6. Citez des instincts?

L'instinct de nourriture, l'instinct de construction, l'instinct d'accumulation, les instincts de société, etc.

7. Où se rencontre surtout l'instinct?

L'instinct domine entièrement la vie du jeune enfant et celle de l'animal. C'est surtout en observant les animaux que l'on en saisit le mieux les différents caractères.

8. Indiquez les principaux caractères de l'instinct?

L'instinct est inné, irréfléchi et aveugle, fatal.

9. Donnez des détails?

1° L'instinct est inné, c'est-à-dire que l'animal et l'homme en sont pourvus dès leur naissance: l'éducation n'y est pour rien ;

2° Il est irréfléchi et aveugle, c'est-à-dire que l'individu chez qui il se manifeste ne délibère pas avant d'agir et qu'il ne se rend pas compte du but où tendent ses actes [1] ;

3° Il est fatal, c'est-à-dire qu'il fait de l'être son esclave, qu'il l'entraîne vers une fin déterminée sans aucune résistance possible de sa part.

10. Indiquez d'autres caractères qui découlent des précédents?

L'instinct est parfait, c'est-à-dire qu'il s'exerce sûrement, sans apprentissage préalable de la part de l'être : du premier coup, celui-ci fait très bien ce qu'il doit faire [2] ;

Il est uniforme et immobile, c'est-à-dire qu'il reste le même à toutes les époques, chez tous les individus d'une même espèce, et qu'il ne progresse ni ne s'amoindrit [3] ;

Il est spécial, c'est-à-dire que chaque espèce a ses instincts et qu'il ne lui appartient pas d'en prendre d'autres [4].

11. A quoi l'instinct supplée-t-il, chez l'animal?

Chez l'animal, l'instinct supplée à la raison et à la

---

1. Le nécrophore, qui vit d'herbes à l'état adulte, dépose ses œufs dans une chair putréfiée où ses petits trouveront leur première nourriture, et l'enfouit après la ponte. Il le fait sans réflexion et sans connaître le but de son action, puisque, né après la mort de ses parents, il mourra lui-même avant l'éclosion des jeunes larves.

2. Le premier nid construit par l'oiseau est aussi parfait que celui où il est né. L'araignée tisse sa toile sans étude préalable.

3. Les abeilles d'aujourd'hui établissent leurs ruches comme celles d'autrefois et n'y apportent aucun changement.

4. Ne demandez pas à l'abeille de construire autre chose que sa cellule, ni au chardonneret de construire un nid d'hirondelle : ni l'un ni l'autre ne le pourraient faire.

volonté libre. C'est le moyen par lequel la nature
conduit l'être à la fin qu'elle lui a assignée.

12. Quel est son rôle dans la vie humaine?

Au début de notre vie, nous sommes également les
esclaves de l'instinct. C'est par instinct que l'enfant
saisit de ses lèvres le sein de sa mère et suce le lait,
qu'il associe ses deux yeux dans une vision unique,
plus tard encore, qu'il exécute les mouvements
nécessaires à la locomotion, ceux des organes de la
parole, etc. Mais à mesure que nous nous formons et
nous développons, l'instinct s'efface pour faire place
à l'intelligence et à la volonté. Toutefois, il demeure
le principe d'un certain nombre de nos actions : il se
manifeste, par exemple, dans les mouvements du noyé
qui se raccroche à une épave, dans nos efforts pour
retrouver l'équilibre quand nous sommes sur le point
de tomber, etc. [1].

---

1. L'instinct embrasse donc tout ce qui est spontané et irréfléchi dans
notre activité. — Ce caractère de spontanéité se retrouve également dans
certains mouvements de notre intelligence et de notre sensibilité : il y a
des instincts intellectuels et des instincts moraux (la curiosité, l'impulsion
vers le beau, le bien, etc.).

17° LEÇON

L'activité (volonté).

Vivre, c'est agir.
— 3° Nous agissons librement et après réflexion.
La volonté libre, unie à la raison, fait la dignité
de la personne humaine.

1. Qu'est-ce que la volonté?

La volonté est le pouvoir de se déterminer, en
pleine connaissance de cause, à une action de son
choix. C'est l'activité libre et réfléchie.

2. Que fait-elle de chacun de nous?

Par elle, chacun de nous se possède, se dirige et
devient le véritable auteur de ses actions.

3. Quels éléments trouve-t-on, à l'analyse, dans un acte
volontaire complet?

L'analyse de tout acte volontaire complet permet
d'y distinguer quatre éléments : la conception de
l'acte, la délibération ou examen des motifs, la détermination, résolution ou décision, l'exécution.

4. Donnez des détails?

L'homme qui agit volontairement se représente
tout d'abord le but à atteindre, l'acte à accomplir : il
le conçoit, il en a l'idée (conception); — puis il exa-

mine les motifs[1] qui l'engagent à agir dans un sens
ou dans un autre, et, les comparant, il choisit celui
auquel il obéira (délibération) ; — tout étant ainsi bien
pesé, il prend une décision ferme (détermination,
résolution), — qu'il exécute, soit au moment même,
soit dans le délai qu'il juge convenable[2].

5. Indiquez, d'après ce qui précède, le caractère essentiel de
la volonté?

La volonté a pour caractère essentiel d'être libre.
L'homme qui veut sait, à n'en pas douter, qu'il dépend
de lui de vouloir ce qu'il veut, ou de vouloir le
contraire, d'agir ou de s'abstenir de toute action,
d'agir de suite ou d'ajourner son action.

6. Qu'en résulte-t-il?

La liberté a pour conséquence la responsabilité.
Selon que nous agissons bien ou mal, nous avons du
mérite ou du démérite. — C'est ce qu'on exprime
encore en disant que nos actions nous sont impu-
tables[3].

---

1. **Principaux motifs d'action.** — Nous pouvons agir :
Soit pour le plaisir que nous vaudra notre action ;
Soit en vue d'un avantage à en retirer (intérêt) ;
Soit en raison d'un sentiment qui nous entraîne : amitié, amour filial, etc.;
Soit enfin par devoir.
2. Il est facile de voir que la conception et la délibération sont du
ressort de l'intelligence, et que la volonté réside dans le fait de la détermination, lequel doit durer tout le temps nécessaire pour l'exécution de
l'acte.
3. Il ne faut pas confondre la volonté avec le désir. Le désir résulte
fatalement de l'attrait exercé sur nous par un objet ; il ne dépend pas de
nous et ne saurait nous être imputé ; — au lieu qu'une détermination vient
de nous-même : elle est notre œuvre propre et engage notre responsabilité.
D'une manière générale, nous pouvons vouloir et agir soit conformément,
soit contrairement à notre désir. Toutefois, il est des désirs qui vont
beaucoup plus loin que la volonté. Celle-ci se limite aux choses que nous
avons conscience de pouvoir produire : je puis désirer un hiver doux, mais
ma volonté est impuissante à réaliser l'objet de mon désir.

7. Nos résolutions sont-elles toujours suivies d'actes complètement réalisés?

Non, car autre chose est de prendre une résolution et d'y donner suite. Souvent, en effet, nos ressources ou nos forces nous trahissent au moment de réaliser ce que nous avons voulu, ou bien des obstacles imprévus surgissent, qu'il nous est impossible de surmonter. Parfois encore, nous manquons de courage et restons en chemin. L'acte volontaire n'est complet que lorsque nous avons fait un effort réel pour amener un résultat. Dans le cas contraire, on dit que nous avons eu simplement l'intention, non la volonté ferme d'agir.

8. Que doit-on penser de cette maxime : « L'intention vaut le fait? »

Cette maxime est vraie ou fausse, selon le sens que l'on attache au mot intention. Si l'intention n'est point suivie d'un commencement d'exécution, si elle n'est qu'une sorte de pensée incertaine et flottante, il il est évident qu'elle ne vaut pas le fait. Si, au contraire, fermement arrêtée, elle n'est stérile que par suite de circonstances indépendantes de celui qui l'a formée librement, elle vaut le fait.

9. Quel est le rôle de la volonté dans la vie?

Par la volonté libre et la raison, l'homme se gouverne, il choisit entre le bien et le mal, il est le maître de sa vie.

Et c'est pourquoi il a une dignité qui lui est propre, et l'élève de beaucoup au-dessus de l'animal.

18ᵉ LEÇON

L'activité (habitude).

Vivre, c'est agir.

— 4° Nous agissons en vertu des habitudes que nous avons contractées.

1. Quel caractère peuvent prendre les actes réfléchis?

Les actes réfléchis peuvent devenir habituels.

2. Qu'est-ce que l'habitude?

L'habitude est la tendance de notre activité à reproduire des actions déjà faites.

3. Quel nom donne-t-on à ses diverses formes?

On les appelle des habitudes.

4. Expliquez comment s'établissent les habitudes?

Chacun de nos actes laisse en nous une disposition à le reproduire. A mesure qu'il se renouvelle, cette disposition s'accentue et nous avons besoin de moins d'efforts pour le réaliser. Enfin, il vient un moment où notre activité. s'y pliant d'elle-même, nous le répétons sans presque en avoir conscience : nous sommes alors sous l'empire d'une habitude [1].

---

[1]. Ce n'est que très malhabilement et au prix de beaucoup d'efforts que l'enfant se tient en équilibre et fait ses premiers pas. Plus tard, il marchera et courra sans avoir à se préoccuper de ses mouvements. La marche sera devenue pour lui une habitude. De même, la parole, considérée au point de vue des mouvements de certains organes, l'écriture, etc. — C'est par habitude que l'ouvrier manie convenablement le rabot, la lime, le marteau que l'artiste joue du piano, du violon, etc. — Proverbe populaire : « C'est en forgeant qu'on devient forgeron. »

5. L'habitude ne présente donc pas toujours la même intensité?

Non : l'habitude s'affermit peu à peu. D'une manière générale, sa force se mesure au nombre plus ou moins considérable des mêmes actes déjà accomplis.

6. A quoi ressemble-t-elle lorsqu'elle a atteint son dernier terme?

Elle ressemble à l'instinct, et c'est pourquoi l'on dit qu'elle est « une seconde nature ». Mais nous pouvons la modifier comme nous l'avons créée.

7. Toutes nos habitudes se traduisent-elles par des actes véritables?

Non : à côté des habitudes actives qui, en réalité, sont nées de notre vouloir, il y a des habitudes passives.

8. Quelles sont-elles et quelle en est l'origine?

Les habitudes passives sont des dispositions à supporter certaines impressions; elles résultent de la continuation ou de la répétition d'une même influence [1].

9. Quels sont les effets de l'habitude?

1º En nous disposant à répéter les actions déjà faites, l'habitude supplée notre volonté et développe notre aptitude à agir dans tel ou tel sens [2];

---

1. Habitudes passives : on se fait au climat du pays où l'on vit ; on s'habitue à supporter des odeurs désagréables et l'on finit par ne plus même les constater ; on s'habitue à la sensation de l'eau froide, si pénible pour le petit enfant ; on s'habitue au travail dans un milieu bruyant, etc.
2. La délibération et la détermination disparaissent dans les actes dont on a pris l'habitude. — La vie, d'ailleurs, serait extrêmement lente s'il fallait toujours réfléchir avant d'agir.

2° Elle émousse les impressions que subit notre sensibilité [1]; mais, par contre, elle donne plus d'importance et de force à nos inclinations [2];

3° Elle perfectionne et assure toutes nos facultés intellectuelles [3].

10. A quoi conduit l'habitude, si l'on n'y veille?

Elle peut conduire à la routine.

11. Indiquez le rôle de l'habitude dans la vie morale?

L'habitude est de grande conséquence dans la vie morale. Elle entre pour beaucoup dans nos vertus et dans nos vices. Aussi devons-nous nous appliquer à ne contracter que de bonnes habitudes. — Exerçons-nous à bien penser, à n'aimer et à ne vouloir que ce que la raison approuve, à résister aux séductions des passions basses : nous arriverons ainsi à faire notre devoir comme par instinct et sans effort.

---

1. Montaigne a dit : « Mon sachet sert d'abord à mon nez ; après que je m'en suis servi huit jours, il ne sert plus qu'au nez des assistants. » — Toutefois, il y a des exceptions : lorsque notre attention se portant sur un fait de sensibilité nous donne des perceptions, des idées, l'habitude produit un effet tout autre ; ainsi, nous éprouvons un plaisir de plus en plus vif à entendre un beau morceau de musique ; ainsi encore, par l'habitude, l'artiste est plus vivement impressionné et saisit plus exactement la différence entre deux nuances d'une même couleur, entre deux sons, etc. Mais ceci est visé par la remarque 3.

2. Elle en fait des passions.

3. Par l'habitude, on perçoit mieux, on se souvient plus facilement et avec plus de précision, on juge et on raisonne plus sûrement, etc.

TABLEAU DE L'ACTIVITÉ

(LEÇONS 16 à 19)

— Qualité propre de l'âme : *vivre, c'est agir.*
— Plus particulièrement : pouvoir de produire des *actions,*
c'est-à-dire des effets au dehors.
— Revêt quatre formes : *automatisme, instinct, volonté,
habitude.*

a) Activité automatique.

Elle *découle de la
vie même.*
— Mouvements désordonnés de l'enfant ;
— — de l'homme, à son réveil ;
— — des organes internes, etc.

b) Instinct.

Il est une *impulsion
naturelle* qui porte
l'individu à accomplir
les actes nécessaires
à sa propre *conserva-
tion* et à celle de son
espèce.

— Il prend diffé-
rentes formes,
qui sont les
instincts :
  — Instinct de *nourriture ;*
  — — de *construction ;*
  — — d'*accumulation ;*
  — — de *société,* etc.

— Il appartient à la fois à *l'animal et à l'homme.*

— Il est
  — *inné ;*
  — *irréfléchi* et *aveugle ;*
  — *fatal ;*
  — *parfait ;*
  — *uniforme* et *immobile ;*
  — *spécial.*

— Chez l'homme, il s'efface peu à peu devant
l'intelligence.

c) Volonté.

Elle est le pouvoir
de se *déterminer,* en
pleine connaissance
de cause, à une action
de son choix.

— Tout acte volon-
taire complet
présente qua-
tre *phases :*
  — *conception ;*
  — *délibération ;*
  — *détermination,* résolution, décision ;
  — *exécution.*

— La volonté est *libre.*
— La liberté entraîne la *responsabilité.*
— Par la *volonté* et la *raison,* l'homme *se gouverne,*
il est le maître de sa vie ; il a sa *dignité*
propre.

d) Habitude.

Elle est une tendance à *reproduire* des actions déjà faites.

— Ses formes sont les *habitudes* { — *actives;* — *passives.*

— Elle ressemble à l'*instinct;*

— Elle a pour *effet*
- — de suppléer la *volonté;*
- — d'émousser les impressions de la *sensibilité;*
- — de donner plus de force aux *inclinations* (elle en fait des *passions*);
- — de perfectionner et d'assurer les *facultés intellectuelles.*

— Elle peut conduire à la *routine.*

V

19° LEÇON

Rapports entre les facultés.

Nos facultés ne se manifestent pas séparément; au contraire, elles s'unissent dans les faits de l'âme. En d'autres termes, elles sont en rapport intime et réagissent les unes sur les autres.

1. Nos trois facultés agissent-elles séparément?

Non, car d'intimes rapports les unissent. Ainsi, nous ne voulons quelque chose qu'après l'avoir conçu; — nous ne sentons pas sans savoir que nous sentons, et sans nous rendre compte de la nature de notre plaisir ou de notre douleur; — le plaisir que nous procure telle action nous porte à la renouveler, etc.

2. Précisez, en vous inspirant des leçons précédentes, l'action de chaque faculté sur les deux autres?

1° La sensibilité influe sur l'intelligence et sur la volonté : elle peut, ou donner plus de netteté à nos idées et à nos jugements, ou les obscurcir, selon le cas ; — en outre, elle fournit des mobiles à notre volonté, et l'on sait avec quelle facilité celle-ci se plie aux exigences de nos passions.

2° L'intelligence influe sur la sensibilité et sur la volonté : elle combat la sensibilité, et son action, à ce point de vue, peut être puissante au point de nous rendre presque insensibles; — d'autre part, c'est en raison des conceptions qu'elle nous fournit, et après délibération, que nous faisons acte de libre vouloir.

3° Enfin, la volonté influe sur l'intelligence et la sensibilité : elle facilite le travail de l'intelligence par l'attention et règle la sensibilité par le moyen, soit des efforts qu'elle détermine, soit des habitudes auxquelles elle donne lieu.

Ainsi, nos facultés sont tour à tour maîtresses et sujettes les unes des autres.

3. Quelle conclusion doit-on tirer de ces remarques?

Que la vie de l'âme, si complexe en apparence, est une, et que, selon l'expression d'un philosophe anglais, « les facultés s'y mêlent comme les couleurs du spectre dans la lumière blanche. »

4. Montrez-le nettement par un exemple?

Considérons, par exemple, le dévouement d'un soldat qui, sur le champ de bataille, se jette au-devant des coups et meurt pour sauver son chef.

Bien qu'une telle action ne prenne, d'ordinaire,

4.

qu'un temps très court et se confonde, en apparence, avec un mouvement instinctif, l'analyse nous permet d'en mettre en lumière tous les éléments :

1° La représentation du danger que court l'officier, la pensée de la désolation où sa mort va plonger sa famille, le jugement que la vie d'un officier est plus précieuse pour l'intérêt général que celle d'un simple soldat et doit être conservée de préférence à cette dernière (phénomènes intellectuels);

2° L'amour que le soldat garde pour son chef, la gratitude qui l'attache à celui-ci, en raison de services reçus, c'est-à-dire ce qu'il éprouve, sent à l'égard de l'officier (faits de sensibilité);

3° La détermination qu'il prend et l'ensemble des mouvements qui constituent comme la forme extérieure de son dévouement (faits d'activité volontaire).

— Les éléments du premier et du second ordre servent de préliminaires à la détermination; toutefois il n'est pas indispensable, pour que celle-ci intervienne, que ces éléments soient nombreux : la notion d'un danger jointe à l'affection pour celui qui y est exposé suffirait à provoquer l'acte de dévouement.

5. De telles données sont-elles susceptibles d'applications dans la conduite de la vie?

Oui, car il nous appartient d'imprimer à chacune de nos facultés la meilleure orientation possible.

En nous appliquant à n'aimer que les choses dont la valeur morale nous apparaît nettement, — à cultiver nos ressources intellectuelles et à les diriger vers les vérités les plus hautes, — à affermir notre vouloir et à l'utiliser pour combattre les passions qui nous avilissent, nous mettrons de l'équilibre et de l'harmonie dans notre vie morale. Par suite, les diverses puissances de notre âme réagissant les unes sur les autres de la façon la plus heureuse, notre aptitude à concevoir, à aimer, à vouloir et à réaliser le bien, ira en augmentant et nous nous rapprocherons sans cesse de la perfection[1].

VI

20ᵉ LEÇON

Rapports du physique et du moral.

Notre nature physique réagit sur notre nature morale, et réciproquement.

1. L'esprit et le corps sont-ils absolument indépendants l'un de l'autre?

Assurément non. Selon l'expression de Bossuet, « l'âme est une substance intelligente née pour vivre dans un corps et lui être intimement unie ». Et cette intimité même entraîne une véritable solidarité entre le physique et le moral : de l'état bon ou mauvais de l'un dépend l'état bon ou mauvais de l'autre.

2. Parlez de l'influence du physique sur le moral?

1° Les fonctions de nutrition influent sur l'exercice des facultés de l'âme : une alimentation trop abon-

---

1. Revoir, à ce sujet, les remarques présentées au chapitre de l'habitude.

dante ou trop substantielle alourdit l'esprit et favorise la dépravation; une alimentation insuffisante occasionne une sorte de débilité intellectuelle.

2° La souffrance physique paralyse parfois l'intelligence et la volonté[1].

3° Par contre, une activité corporelle bien réglée, jointe à l'équilibre et à l'harmonie des fonctions organiques, laisse à l'esprit toute sa vivacité, toute sa verdeur, en même temps qu'elle entretient la bienveillance et la belle humeur.

4° D'autre part, chacun de nous, en raison de son tempérament propre, est plus ou moins prédisposé à tel excès de sensibilité ou à une certaine indifférence à l'égard du vrai, du beau, du bien. Celui-ci se laisse facilement entraîner aux extrêmes, tandis que rien n'émeut celui-là; il y a des tempéraments bouillants, emportés; il y en a d'inertes. De là, des conséquences morales indiscutables.

5° Enfin, il ne faut pas oublier qu'en ce qui regarde la perception extérieure, le corps étant l'intermédiaire indispensable entre l'esprit et les objets matériels, la netteté des idées acquises est en raison du bon état de l'œil, de la main, en un mot, de nos organes.

3. Parlez de l'influence du moral sur le physique?

L'action du moral sur le physique est tout aussi évidente :

1° Un exercice bien compris et sagement mesuré de la pensée n'est pas sans efficacité pour le dévelop-

---

1. Une fièvre typhoïde nous fait perdre la mémoire ; un simple malaise peut nous mettre dans l'impuissance de bien concevoir les choses, de raisonner sûrement ; — un état de santé défavorable amollit notre courage, etc.

pement des forces et des qualités du corps; mais l'excès du travail intellectuel, en surexcitant outre mesure le cerveau, contrarie les fonctions organiques et affaiblit la santé.

2° On sait de reste que les émotions (plaisirs et douleurs) se manifestent par les gestes, les attitudes du corps, le jeu de la physionomie, et qu'elles amènent parfois des troubles physiques profonds (modification de la circulation du sang et des humeurs, variation dans l'intensité et la rapidité des mouvements du cœur, lenteur et parfois arrêt subit de la digestion, etc.).

3° Quant aux passions, leur influence est le plus souvent néfaste : bornons-nous à rappeler que la haine, l'ambition, l'avarice, la peur engendrent des maladies graves du cœur, de l'estomac, du foie, du système nerveux ou du cerveau.

4° Il faut remarquer, enfin, que la volonté bien dirigée exerce une action puissante sur le corps : en le voulant énergiquement, l'homme peut transformer sa constitution ou tout au moins l'améliorer, quand elle est mauvaise, au moyen des bonnes habitudes qu'il imprime à ses organes.

4. Quelle conclusion faut-il tirer de ces observations.

C'est que nous devons prendre soin de notre corps comme de notre esprit, et que notre idéal doit être d'avoir « une âme saine dans un corps sain ».

Paris. — Imp. E. Capiomont et Cie, rue des Poitevins, 6.

ARMAND COLIN et Cⁱᵉ, éditeurs, Paris.

COLLECTION
pour les Écoles normales primaires

LANGUE FRANÇAISE

LARIVE ET FLEURY. — La Troisième année de Grammaire. In-12,
cartonné.. **1 80**
— LE MÊME, livre du Maître. In-12, cartonné.................... **3 »**
— Exercices français de Troisième année.................... **2 »**
— LE MÊME, livre du Maître. In-12, cartonné................... **4 »**
MÉTIVIER. — Méthode de Composition française. In-12, cart. **» 75**
GAZIER. — Nouveau Dictionnaire classique Illustré. In-12,
cartonné.. **2 60**
— Petite histoire de la Littérature française. In-18, broché. **4 »**
DIETZ. — Les Littératures étrangères.
   I. *Angleterre, Allemagne.* In-18 jésus, broché............ **4 »**
   II. *Italie, Espagne.* In-18 jésus, broché...................... **4 »**
ROBERT. — Cours de Lecture expliquée. In-18 jésus, br.... **3 »**
Extraits des Chroniqueurs français du Moyen âge. In-18 jésus,
broché.. **2 50**
Extraits des Poètes lyriques du XIXᵉ siècle. In-18 jésus, cart. **3 50**
LA FONTAINE. — Fables de La Fontaine, classées et annotées par
M. A. GAZIER. In-18 jésus, cartonné......................... **1 50**
— Fables de La Fontaine, annotées par M. L. CLÉMENT. In-18 jésus,
broché.. **2 75**
BOILEAU. — Œuvres poétiques de Boileau, annotées par M. A.
GAZIER. In-18 jésus, broché................................... **2 »**
MOLIÈRE. — Théâtre choisi de Molière, annoté par M. MAURICE
ALBERT. In-18 jésus, broché.
RACINE. — Théâtre choisi de Racine, annoté par M. PETIT DE
JULLEVILLE. In-18 jésus, broché............................... **3 »**
BOSSUET. — Oraisons funèbres de Bossuet, annotées par M. A.
GAZIER. In-18 jésus, broché................................... **2 »**
FÉNELON. — Les Aventures de Télémaque, annotées par M. R.
PESSONNEAUX. In-18 jésus, broché............................ **2 »**
MONTESQUIEU. — Considérations sur la grandeur des Romains
et sur leur décadence, annotées par M. G. COMPAYRÉ. In-18
jésus, broché.. **1 50**
VOLTAIRE. — Histoire de Charles XII, annotée par M. WAHL. In-18
jésus, broché.. **2 »**
— Le Siècle de Louis XIV, annoté par MM. RÉBELLIAU et MARION.
In-18 jésus, broché.. **4 »**
— Précis du Siècle de Louis XV, annoté par M. MAURICE FALLEX.
In-18 jésus, broché.. **3 »**
Lettres du XVIIIᵉ siècle, annotées par A. CAHEN. In-18 jés., br. **3 50**
MICHELET. — Extraits historiques de J. Michelet, annotés par
par M. SEIGNOBOS. In-18 jésus, broché........................ **3 »**

PAGES CHOISIES DES GRANDS ÉCRIVAINS
(*Lectures littéraires*).

BALZAC. — Pages choisies de Balzac (G. LANSON). In-18 jésus,
broché.. **3 50**
CHATEAUBRIAND. — Pages choisies de Chateaubriand (S. ROCHE-
BLAVE). In-18 jésus, broché.................................... **3 50**
CICÉRON. — Pages choisies de Cicéron (P. MONCEAUX). In-18
jésus, broché.. **3 50**
FLAUBERT. — Pages choisies de Flaubert (G. LANSON). In-18 jésus,
broché.. **3 50**

ARMAND COLIN et C*, éditeurs, Paris.

GAUTIER (Th.). — **Pages choisies de Théophile Gautier** (P. Sirven). In-18 jésus, broché.. **3 50**
GUYAU (J.-M.). — **Pages choisies de J.-M. Guyau** (A. Fouillée). In-18 jésus, broché.. **3 50**
HOMÈRE. — **Pages choisies d'Homère** (M. Croiset). In-18 jésus, broché.. **3 50**
LESAGE. — **Pages choisies de Lesage** (P. Morillot). In-18 jésus, broché.. **3 50**
MÉRIMÉE. — **Pages choisies de Mérimée** (Lion). In-18 jés., br. **3 50**
MICHELET. — **Pages choisies de J. Michelet** (Ch. Seignobos). In-18 jésus, broché.. **4 »**
MIGNET. — **Pages choisies de Mignet** (G. Weill). In-18 jés., br. **3 »**
MUSSET. — **Pages choisies d'Alfred de Musset** (Paul Sirven). In-18 jésus, broché.. **3 50**
RABELAIS. — **Pages choisies de Rabelais** (E. Huguet). In-18 jésus, broché.. **3 50**
RENAN. — **Pages choisies d'Ernest Renan**. In-18 jésus, br. **3 50**
ROUSSEAU (J.-J.). — **Pages choisies de J.-J. Rousseau** (S. Rocheblave). In-18 jésus, broché.. **3 »**
SAND. — **Pages choisies de George Sand** (S. Rocheblave). In-18 jésus, broché.. **3 50**
THIERS. — **Pages choisies d'Ad. Thiers** (G. Robertet). In-18 jésus, broché.. **3 »**

LANGUE ALLEMANDE

HALBWACHS et WEBER. — **La Première année d'Allemand**. In-12, cartonné.. **1 60**
— **La Deuxième année d'Allemand**. In-12, cartonné........... **2 »**
— **Grammaire allemande** (Troisième année d'Allemand). In-12, cartonné.. **2 »**
— **Exercices Allemands de Troisième année**. In-12, cartonné. **2 50**
— **Mots allemands et conversations**. (Extraits de la *Troisième année d'Allemand*). In-12, cartonné............................. **1 50**
REIBEL. — **Cours d'Allemand commercial**. In-18 jésus, cart. **2 75**

LANGUE ANGLAISE

BARET. — **La Première année d'Anglais**. In-12, cartonné.... **1 25**
— **La Deuxième année d'Anglais**. In-12, cartonné............ **2 »**
— **Grammaire anglaise** (Troisième année d'Anglais). In-12, cartonné.. **2 50**
CARROUÉ. — **Cours d'Anglais commercial**. In-18 jésus, cart. **2 50**

HISTOIRE

RAMBAUD. — **Histoire de la Civilisation française**, depuis les origines jusqu'à nos jours. 2 vol. in-18 jésus, brochés......... **8 »**
— **Histoire de la Civilisation contemporaine en France**. In-18 jésus, broché.. **5 »**
LAVISSE et DUPUIS. — **Histoire de France et notions sommaires d'Histoire générale : Moyen Age**. In-18 jésus cartonné... **2 50**

GÉOGRAPHIE

FONCIN. — **Cours de Géographie :**
— **Géographie historique**. In-4°, cartonné.................. **6 »**
— **Atlas général** (sans texte) d'Histoire et de Géographie. In-4°, relié toile.. **7 50**
VIDAL DE LA BLACHE. — **Atlas classique Vidal-Lablache**, historique et géographique. 312 cartes et cartons, index de 30000 noms. 1 vol. in-folio, cartonné............................... **15 »**
— **Collection de Cartes murales** (double face, sur carton), avec Notices. Chaque carte.. **6 50**
— *Notice, 1 pour chaque Carte. Chaque notice, 40 centimes.*
RAMBAUD. — **La France coloniale** (Nouvelle édit.). 1 vol. in-8°. **8 »**

ARMAND COLIN et C⁰ⁱ, éditeurs, Paris.

ARITHMÉTIQUE

LEYSSENNE. — **La Troisième année d'Arithmétique :**
— 1ᵉʳ semestre. In-12, cartonné............................ **1 75**
— 2ᵉ semestre. In-12, cartonné............................ **1 75**
— Traité d'Arithmétique. In-18 jésus, broché............. **4 »**
— Solutions raisonnées des Exercices et Problèmes du Traité
d'Arithmétique. In-18 jésus, broché.................... **4 »**
— Choix de problèmes de Mathématiques. In-12, cartonné... **1 80**

GÉOMÉTRIE

LEYSSENNE. — Traité de Géométrie. In-18 jésus, broché.... **4 »**

SCIENCES

DRINCOURT et DUPAYS. — Traité de Physique. In-18 jésus,
broché... **7 50**
DRINCOURT. — Traité de Chimie (Notation atomique). In-18 jésus,
broché... **6 »**
GALTIER-BOISSIÈRE. — Notions élémentaires d'hygiène pratique.
In-18 jésus, broché.. **3 50**
— L'Enseignement de l'Anti-alcoolisme. In-18 jésus, broché. **1 50**

MORALE

MARION. — Leçons de Psychologie appliquée à l'éducation. In-18
jésus, broché.. **4 50**
— Leçons de Morale. In-18 jésus, broché.................. **4 »**
LALOI et PICAVET. — Instruction morale et civique. In-18 jésus,
broché... **5 »**
DUGARD. — La Culture morale. In-18 jésus, broché.......... **3 »**

DROIT USUEL

GANNERON. — Une année (3ᵉ année) de Droit usuel et d'Économie
politique. In-18 jésus, broché............................ **1 75**
VILLARD. — Premières notions d'Économie sociale. In-16,
cartonné.. **» 50**

TRAVAIL MANUEL

MARTIN. — Cours normal de Travail manuel. In-18 jésus,
broché... **2 50**

MUSIQUE

MARMONTEL. — Deuxième année de Musique. In-8°, cart. **3 »**
DAUPHIN. — Petite Anthologie des Maîtres de la Musique. In-4°,
cartonné.. **5 »**

MEMENTO

COUDERT et CUIR. — Memento pratique du Brevet élémentaire
de l'Enseignement primaire. In-12, cartonné............. **1 50**
— LE MÊME, livre du Maître............................... **4 »**
— Memento théorique du Brevet élémentaire de l'Enseignement
primaire. In-12, cartonné................................ **4 »**

DIVERS

CARRÉ et LIQUIER. — Traité de Pédagogie scolaire. In-18,
broché... **4 »**
FRANÇOIS. — La Correspondance administrative de l'Insti-
tuteur.. **1 »**
RIQUER et MARCEL. — Vade-Mecum perpétuel. In-18, relié toile
souple.. **2 50**
SAGNIER (Mˡˡᵉ). — L'Institutrice. In-12, broché.......... **1 50**
Revue Universitaire. — UN AN, du 1ᵉʳ de chaque mois, France. **10 »**
   SIX MOIS (du 1ᵉʳ de chaque mois). France................ **5 50**
Revue pour les jeunes filles.— UN AN (1ᵉʳ de chaq. mois), France. **26 »**
   SIX MOIS (1ᵉʳ de chaque mois), France................... **14 »**

Armand COLIN & C¹ᵉ, Éditeurs, 5, rue de Mézières, Paris.

La Lutte contre l'Alcoolisme

Tableau mural illustré et colorié
d'Anti-alcoolisme, par M. le Dr GALTIER-
BOISSIÈRE, officier de l'Instruction publique.

Le tableau, double face, sur carton, *illustré et colorié en
5 couleurs*, format des *Cartes murales Vidal-Lablache*...   **6 50**

*Ajouter 1 fr. 80 pour plateau d'emballage et transport en gare (2 tableaux
peuvent être expédiés en un colis postal de 5 kilos). Indiquer la gare la plus
rapprochée.*

de la Dignité.

Gravure extraite du Tableau mural illustré et colorié d'Anti-alcoolisme.

Livret d'Anti-alcoolisme (de la Collection des Livrets
CHARLES DUPUY), par M. le Dr GALTIER-BOISSIÈRE. Un vol. in-16,
élégamment cartonné...   **» 30**

Paris. — Imp. E. CAPIOMONT et Cⁱᵉ, rue des Fossés. 6.   (N° 239)

www.ingramcontent.com/pod-product-compliance
Lightning Source LLC
Chambersburg PA
CBHW070910280326
41934CB00008B/1662